BEI GRIN MACHT SICH IHR WISSEN BEZAHLT

Politische Eliten in Tunesien. Politisches System im Wandel

Bibliografische Information der Deutschen Nationalbibliothek:

Die Deutsche Nationalbibliothek verzeichnet diese Publikation in der Deutschen Nationalbibliografie; detaillierte bibliografische Daten sind im Internet über http://dnb.d-nb.de abrufbar.

ISBN: 9783389025246
Dieses Buch ist auch als E-Book erhältlich.

© GRIN Publishing GmbH
Trappentreustraße 1
80339 München

Druck und Bindung: Books on Demand GmbH, Norderstedt Germany
Gedruckt auf säurefreiem Papier aus verantwortungsvollen Quellen

Das vorliegende Werk wurde sorgfältig erarbeitet. Dennoch übernehmen Autoren und Verlag für die Richtigkeit von Angaben, Hinweisen, Links und Ratschlägen sowie eventuelle Druckfehler keine Haftung.

Das Buch bei GRIN: https://www.grin.com/document/1477100

Christian- Albrechts- Universität zu Kiel

Institut für Sozialwissenschaften

Fachbereich Politikwissenschaft

Im Seminar: Die politischen Systeme der MENA- Region
Wintersemester 2023/24

Politische Eliten in Tunesien

Ihre Bedeutung in einem sich verändernden Regime

Bachelor: Soziologie und Politikwissenschaft
Fachsemester: 3
Abgabedatum: 31.03.2024

Inhaltsverzeichnis

1. Einleitung

Die politische Landschaft Tunesiens, geprägt durch einen tiefgreifenden demokratischen Wandel ab dem Jahr 2011, hat in den letzten Jahren eine facettenreiche Metamorphose durchlaufen. So entwickelte sich Tunesien im 21. Jahrhundert von einem autoritären Regime zu einem Staat mit zunehmend demokratischen Institutionen und zeigte in der jüngsten Vergangenheit erneut autoritäre Strukturen. Dabei stellt insbesondere die Rolle der politischen Eliten innerhalb dieses Transformationsprozesses eine entscheidende Komponente dar, deren Einfluss auf die Gestaltung des politischen Systems von essenzieller Bedeutung ist. Die individuellen sowie kollektiven Interessen der politischen Eliten haben die Richtung des politischen Wandels maßgeblich geprägt.

Die jüngere Geschichte Tunesiens ist gezeichnet von politischen Umbrüchen, die sich in den Ereignissen des Arabischen Frühlings manifestierten. Die Entstehung demokratischer Hoffnungen in der Bevölkerung führte zu einem demokratischen Übergang, der das Land auf den Weg zu politischer Pluralität und gesellschaftlicher Teilhabe setzte. Jedoch war dieser Weg keineswegs linear und die Akteure innerhalb der politischen Eliten spielten eine Schlüsselrolle bei der Definition der politischen Agenda und der Umsetzung politischer Maßnahmen. Die vorliegende Arbeit widmet sich der eingehenden Analyse der politischen Eliten in Tunesien, um zu verstehen, wie ihre Rollen im Kontext des politischen Wandels im letzten Jahrzehnt evolviert sind. Dabei soll folgend die Frage beantwortet werden, inwiefern sich die Bedeutung der politischen Eliten während der Transformation des politischen Systems in Tunesien verändert hat. Die Einflüsse politischer Eliten in Tunesien erstrecken sich über legislative, exekutive und wirtschaftliche Bereiche, wobei ihre Interaktionen und Entscheidungen die demokratischen Institutionen Tunesiens formen. Die Untersuchung dieser Interaktionen wird die Komplexität der politischen Landschaft Tunesiens aufzeigen und ermöglichen, die Veränderungen im politischen System vor dem Hintergrund individueller und kollektiver Interessen zu verstehen. Dafür wird in einem ersten Schritt der historische Kontext Tunesiens dargelegt, wobei sich spezifisch auf die Zeit vor 2011, den Arabischen Frühling, die Zeit nach 2012 und auf die jüngste Vergangenheit konzentriert wird. Anschließend wird eine Grundlage für die Definition von politischen Eliten gelegt. Die Analyse erfolgt über einen Vergleich, wobei zuerst die Rolle der politischen Eliten während der demokratischen Phase untersucht und anschließend die Veränderungen in der jüngsten Vergangenheit dargelegt werden.

Diese eingehende Untersuchung der Rolle politischer Eliten in Tunesien ist nicht nur von historischer Bedeutung, sondern auch von aktueller Relevanz, da das Land weiterhin mit politischen Herausforderungen konfrontiert ist. Die Erkenntnisse dieser Analyse sollen dazu beitragen, ein tieferes Verständnis für die Mechanismen politischer Macht und deren Auswirkungen auf den demokratischen Übergang in Tunesien zu gewinnen. Insgesamt bietet die Arbeit eine umfassende Analyse über die Bedeutung der politischen Eliten für das politische System Tunesiens und der Frage, inwiefern die politischen Eliten, ausgehend von der Veränderung der untersuchten Merkmale, an der Transformation in einen zunehmend autoritären Staat beteiligt waren. Die Forschung zu dem aktuell stattfindenden Systemwandel in Tunesien gewinnt zunehmend an wissenschaftlicher und politiktheoretischer Relevanz. Obwohl in den letzten Jahren zahlreiche wissenschaftliche Veröffentlichungen zu dem Regierungswechsel in Tunesien publiziert wurden, zeigen die jüngsten Entwicklungen und der zunehmende Einfluss politischer Eliten in Tunesien einen neuen Forschungsgegenstand auf. Die Arbeit hat den Anspruch zu verdeutlichen, inwieweit politische Eliten für die Untersuchung eines Regierungswechsels innerhalb eines Staates relevant sind und welche Bedeutung ihnen dabei zukommt.

2. Historischer Kontext

Für die später folgende Analyse ist es relevant, den historischen Kontexts Tunesiens zu kennen. Dafür soll in diesem Kapitel eine grundlegende Übersicht der wichtigsten Ereignisse der letzten Jahrzehnte gelegt werden.

2.1 Politische Lage vor 2011

Vor den historischen Ereignissen des Arabischen Frühlings im Jahr 2011 prägte eine langjährige autoritäre Herrschaft unter dem Regime von Präsident Zine El Abidine Ben Ali die Politik Tunesiens. Diese Phase erstreckte sich von 1987 bis 2011 und war durch charakteristische Merkmale gekennzeichnet, die das politische, soziale und wirtschaftliche Gefüge des Landes prägten (vgl. Loimeier 2020: 143ff.). In dieser Zeit gestaltete sich die politische Landschaft Tunesiens als stark kontrolliert und von der Dominanz der Regierungspartei, der Rassemblement Constitutionnel Démocratique (RCD), geprägt. Der Großteil der politischen Opposition wurde systematisch unterdrückt, und politische Pluralität sowie freie Meinungsäußerung waren stark eingeschränkt (vgl. ebd.: 155f.). Parallel dazu zeichnete sich die wirtschaftliche Politik durch weitreichende Korruption und ungleiche Verteilung von Ressourcen aus. Während eine geringe Menge von Eliten den Zugang zu wirtschaftlichen Gütern behielten, blieb der Großteil der tunesischen Bevölkerung von Arbeitslosigkeit und Armut betroffen. (vgl. Frische 2022: 67ff.) Die politische Teilhabe der

Bürger/ innen war in dem autoritären Regime stark begrenzt, unteranderem durch die staatliche Überwachung und Zensur (vgl. Loimeier 2020: 183).

2.2 Arabischer Frühling

Der sogenannte „Arabische Frühling", welcher 2011 in Tunesien als „Jasmin- Revolution" seinen Ursprung nahm, markierte einen entscheidenden Wendepunkt in der Geschichte des Landes und der gesamten Region der Maghreb – Staaten. Der Auslöser der Jasminrevolution war der tunesische Gemüsehändler Muhammad al-Bouazizi, der sich am 17.12.2010 öffentlich anzündete (vgl. Haase 2016: 59). Seine Selbstverbrennung war ein Protest gegen weitverbreitete Arbeitslosigkeit, Korruption und soziale Ungerechtigkeit. Dieses Ereignis hatte zur Folge, dass sich breite Teile der Bevölkerung zu Massenprotesten mobilisierten. Obwohl die Proteste zunächst durch die tunesische Regierung unterdrückt wurden, entwickelten sie sich zu einer landesweiten Bewegung, die den Rücktritt von Präsident Zine El Abidine Ben Ali forderte, der daraufhin das Land verließ und ins Exil ging (vgl. Weissenbach 2011: 30). Mit dem Sturz von Ben Ali begann in Tunesien eine demokratische Transformation. Eine Übergangsregierung wurde gebildet, um politische Stabilität zu gewährleisten und den Weg für demokratische Reformen zu ebnen. Dieser Prozess umfasste die Ausarbeitung einer neuen Verfassung und die Vorbereitung auf demokratische Wahlen. Im Oktober 2011 fanden die ersten demokratischen Wahlen statt, bei denen die gemäßigt islamistische Ennahda-Partei einen bedeutenden Wahlsieg erzielte (vgl. Loimeier 2020: 227ff.).

2.3 Politische Lage nach 2012

Nach den Ereignisseen des Arabischen Frühlings im Jahr 2011, markierte eine Phase intensiver Bemühungen um politische Stabilität und demokratische Institutionen den demokratischen Übergang in Tunesien. Ein Schlüsselelement dieses Transformationsprozesses war die Verfassungsreform, welche im Jahr 2014 verabschiedet wurde. Reformen der neuen Verfassung, die den institutionellen Rahmen für die demokratische Entwicklung Tunesiens bildeten, waren unter anderem eine gestärkte Gewaltenteilung, die Festigung von Bürgerrechten und die Schaffung einer Grundlage für politischen Pluralismus (vgl. Loimeier 2020: 291). Die demokratischen Wahlen von 2014, darunter die Parlaments- und Präsidentschaftswahlen, waren Meilensteine, die zur Legitimation der gewählten Regierung und zur Festigung der demokratischen Strukturen beitrugen. Der Aufstieg von demokratischen Institutionen, darunter ein plurales Parlament und eine unabhängige Judikative, spiegelte den Erfolg des Übergangsprozesses wider und führten zu einer ausgeglichenen Machtverteilung.

Trotz dieser Fortschritte stand Tunesien vor Herausforderungen, einschließlich wirtschaftlicher Unsicherheit und der Bedrohung durch extremistische Gruppen. Der demokratische Übergang war nicht frei von Rückschlägen, und politische Spannungen traten in verschiedenen Phasen auf (vgl. Claes/ Probst 2014: 2f.).

2.4 Rückkehr zu autoritären Tendenzen

Trotz der anfänglichen Erfolge des demokratischen Übergangs nach dem Arabischen Frühling steht Tunesien in der jüngsten Vergangenheit vor zunehmenden Herausforderungen, die auf eine potenzielle Rückkehr zu autoritären Tendenzen hindeuten. Die tunesische Bevölkerung wählte 2019 aus einer zunehmenden Unzufriedenheit über die sozioökonomische Lage und einem mangelnden Vertrauen in das Parlament Kais Saied zum Präsidenten. Seit seiner Amtsinhabe hat Saied zunächst das Parlament im Jahr 2021 entmachtet und der Volksvertretung die Macht entzogen. Im Jahr 2022 wurde eine neue Verfassung festgelegt, die sich erheblich von dem ursprünglichen Vorschlag der zuständigen Kommission unterschied. (vgl. Thyen/ Josua 2023: 2f.) Zusätzlich haben die wirtschaftlichen Herausforderungen, insbesondere die hohe Arbeitslosigkeit und unzureichende Entwicklung die soziale Unzufriedenheit verstärkt, was extremistischen Gruppen Auftrieb gibt und die Forderung nach einer starken, autoritären Führung erhöht (vgl. ebd. 5ff.) Thyen und Josua beschreiben den zügigen Regimewechsel in Tunesien wie folgt: „Im Unterschied zu anderen Ländern mit neu gewählten Populisten an der Macht waren die noch jungen demokratischen Strukturen in Tunesien nicht ausreichend konsolidiert, um Saieds Angriff zu widerstehen." (ebd.: 2) Demokratische Prinzipien gerieten in der jüngsten Vergangenheit zunehmend unter Druck, und es wurden Versuche unternommen, die Unabhängigkeit der Justiz zu untergraben, Medien zu kontrollieren und politische Opposition zu unterdrücken. Diese Entwicklungen deuten darauf hin, dass es Kräfte gibt, die das Ziel haben, die demokratischen Institutionen zu schwächen. Gleichzeitig ist eine Zunahme von Repression und Menschenrechtsverletzungen zu verzeichnen (vgl. Amnesty International: World Report 2022: o.S.)

3. Politische Eliten

Für den theoretischen Rahmen soll folgend erklärt werden, wie sich politische Eliten definieren lassen und anschließend die Elitentheorie nach Mills erläutert werden

3.1 Politische Eliten Definition

Nach Ursula Hoffman- Lange bezieht sich der Begriff der Elite in den Sozialwissenschaften auf Personen, die in politischen Ämtern oder als Vertreter öffentlicher und privater Institutionen Einfluss auf die politischen Willensbildungsprozesse einer Gesellschaft nehmen. Während politische Eliten formale Entscheidungsbefugnisse haben, basiert der Einfluss anderer, nicht-politischer Eliten auf verschiedenen Ressourcen wie der Vorbereitung politischer Entscheidungen, dem Kapitalbesitz, der Mobilisierung von Unterstützung oder Widerstand, dem Einfluss auf die öffentliche Meinung, der Expertise oder der Bedeutung für die Umsetzung von Entscheidungen (vgl. Hoffmann-Lange 2004: 239ff.). Insbesondere die Frage nach der Rolle von Eliten in Regimetransformationen hat in den letzten beiden Jahrzehnten verstärkt das Interesse der Politikwissenschaft auf sich gezogen. Die soziale Herkunft zeigt die Geschlossenheit und Kohäsion einer Elite, erkennbar an der Selektivität von Bildungsinstitutionen und den Aufstiegschancen sozialer Aufsteiger in Spitzenpositionen. Bei Regimetransformationen, die verfassungsrechtliche und institutionelle Grundsatzentscheidungen betreffen, spielen Persönlichkeitsfaktoren und personelle Konstellationen eine ausschlaggebendere Rolle (vgl. ebd.: 254f.) Tiefgreifende gesellschaftliche und politische Reformen führen in der Regel zu erheblichem personellen und strukturellen Elitenwandel. Die Elitenzirkulation stellt einen bedeutenden Indikator für Veränderungen dar und umfasst nicht nur den Austausch von Spitzenpersonal, sondern auch die Schaffung neuer Institutionen sowie veränderter Machtverhältnisse (vgl. ebd.: 241).

3.2 Elitentheorie nach Mills

Es existieren innerhalb der Politikwissenschaft diverse Schlüsselkonzepte und Theorien, die zur Analyse und zum Verständnis der Strukturen politischer Macht und Dynamik von Interessen in der politischen Landschaft Tunesiens essenziell sind. Diese Konzepte sind grundlegend, um die Interaktionen und den Einfluss der politischen Eliten erfassen zu können. Für die vorliegende Arbeit eignet sich als theoretische Grundlage die Elitentheorie nach C. Wright Mills. Obwohl Mills in seinem Werk „The Power Elite" die Strukturen der Macht in den Vereinigten Staaten Mitte des 20. Jahrhunderts aufzeigt, lässt sich seine Theorie anwenden, um im Rahmen dieser Arbeit die Rolle der politischen Eliten in Tunesien zu analysieren. Mills argumentiert, dass eine kleine Gruppe von Individuen aus den höchsten Ebenen der Wirtschaft, des Militärs und der Politik die wesentlichen Entscheidungen in einer Gesellschaft trifft (vgl. Mills 2019: 359ff.). Die Elite besteht unter anderem aus Führungskräften bedeutender

Unternehmen und einflussreichen Politiker*innen, wobei die Akteur*innen innerhalb der Machtelite durch gemeinsame Interessen und Vorstellungen eng miteinander verbunden sind. Die Bevölkerung hat meistens keinen Einfluss auf die Prozesse der Elite, auf der die Macht zentriert ist, da die Schlüsselinstitutionen von der Elite kontrolliert werden (vgl. ebd. 74ff.).

4. Politische Eliten während der demokratischen Phase

Die politische Landschaft Tunesiens hat sich nach dem Sturz des langjährigen autokratischen Präsidenten Zine El Abidine Ben Ali im Jahr 2011 maßgeblich verändert. Die darauffolgende demokratische Phase war geprägt von einem breiten Spektrum politischer Kräfte, die sich in der Zusammensetzung der politischen Eliten widerspiegelten.

4.1 Rolle und Zusammensetzung

Die politischen Eliten in Tunesien nach 2011 bestanden aus politischen Parteien, neu gegründeten Bewegungen sowie Vertreter*innen der Zivilgesellschaft. Zu den wichtigsten Akteuren zählten die moderat islamitische Ennahda- Partei, die nach den ersten freien Parlamentswahlen im Oktober 2011 zur stärksten Kraft im tunesischen Parlament wurde, sowie die links- liberale Congrès pour la République (CPR) und die sozial-demokratische Forum Démocratique pour le Travail et les Libertés. Das tunesische Parlament, welches zu diesem Zeitpunkt mit seinen Parteien sowohl eine moderat islamistische Agenda als auch säkulare Vorstellungen anderer Parteien vereinte, zeigte sich somit als demokratieförderlich (vgl. Braune 2011: 1ff.). Für den Demokratieprozess war einerseits diese erste Phase entscheidend, als auch die Ausarbeitung der Verfassung von 2014, die sowohl die politische Partizipation darstellte als auch das Engagement der politischen Eliten für demokratische Werte. So schreibt die ausgearbeitete Verfassung von 2014 ebenfalls die Einbindung verschiedener gesellschaftlicher Gruppen vor (vgl. Verfassung der Republik Tunesien 2014: Artikel 46ff.).

4.2 Interne Machtkämpfe und politische Polarisierung

Trotz der signifikanten Fortschritte, die Tunesien in seiner demokratischen Transition gemacht hat, waren dennoch unter anderem die internen Machtkämpfe der Eliten dafür verantwortlich, die Konsolidierung der jungen Demokratie zu gefährden. Eine große Schwierigkeit stellten die zunehmenden politischen Polarisierungen zwischen den Akteur*innen dar, die die politische Landschaft prägte. Diese Polarisierung manifestierte sich in ideologischen Konflikten zwischen und innerhalb der politischen Lager, insbesondere zwischen den säkularen und islamistischen Kräften. So fanden sich beispielsweise die Ennahda- Partei und die Nidaa Tounes in einem politischen Diskurs wieder (vgl. Ratka/ Roux 2016: 73ff.). Interne Machtkämpfe innerhalb der politischen Eliten erschwerten die Governance und stellten somit ein Hindernis für die Implementierung notwendiger Reformen (vgl. Gallien/Werenfels 2019: 7f.) Die nicht ausreichende Repräsentation untergrub das Vertrauen der Bevölkerung in die Regierung und der politischen Eliten und Institutionen, was das demokratische System schwächte (vgl. Dix 2019: 2ff.).

4.3 Umgang mit sozioökonomischen Krisen und deren Auswirkungen auf die Demokratie

Neben den politischen Herausforderungen sahen sich die politischen Eliten Tunesiens mit anhaltenden sozioökonomischen Problemen konfrontiert, die sich negativ auf das demokratische System auswirkten. So prägten unter anderem eine hohe Arbeitslosenrate, insbesondere bei jungen Menschen, ein langsames Wirtschaftswachstum sowie Inflation die sozioökonomische Landschaft des Landes (vgl. Claes 2016: 3). Eine Herausforderung stellten außerdem die regionalen Disparitäten dar, die sich zwischen den ländlichen Gebieten und den Küstenregionen aufzeigen (vgl. Harter 2017: 1). Diese Probleme, die bereits vor der Revolution existierten, wurden durch den demokratischen Übergang nicht gelöst und einigen Fällen durch die Unsicherheiten und die politische Instabilität zusätzlich verschärft.

5. Die politischen Eliten während der Rückkehr zu autoritären Tendenzen

Wie bereits unter 2.4 erläutert, hat Tunesien in der jüngsten Vergangenheit eine Rückkehr zu autoritären Tendenzen erlebt, die eine deutliche Abkehr zu den demokratischen Errungenschaften nach dem Arabischen Frühling darstellt. Diese Entwicklung ist eng mit der Rolle der politischen Eliten und insbesondere mit der Schwächung demokratischer Institutionen verbunden. Die zunehmende Einflussnahme einzelner Führungspersönlichkeiten auf die politische Landschaft hat ebenfalls zu dieser regressiven Dynamik beigetragen.

5.1 Konsolidierung der Macht und Zentralisierung

Die in den letzten Jahren statt gefundene Machtzentralisierung der politischen Elite hat zu einer signifikantem Schwächung der demokratischen Institutionen beigetragen. Die autoritäre Phase in Tunesien ist durch eine deutliche Konsolidierung der Macht in den Händen des Präsidenten Kais Saied gekennzeichnet. Dabei wurde das Parlament, welches zuvor zunehmend mit internen Machtkämpfen beschäftigt war, im März 2022 von Saied aufgelöst (vgl. Werenfels 2022: 2f.) Es zeigt sich deutlich, dass sich die politischen Eliten in Tunesien verändert haben: Von einem demokratisch gewählten Parlament, in der die Macht auf eine Vielzahl von Akteur*innen innerhalb der politischen Elite verteilt war, zu einem Präsidenten und der von ihm ausgewählten Gruppe politischer Eliten, auf die die Macht nun zentriert ist. Die in der demokratischen Phase Tunesiens starke Ennahda- Partei hat keinen Einfluss mehr und ihr Vorsitzender wurde inhaftiert (vgl. Thyen/ Josua 2022: 2ff.)

5.2 Strategien der Machtsicherung durch politische Eliten

Politische Eliten in autoritären, autokratischen oder totalitären Systemen nutzen eine Vielzahl von Strategie, um ihre Macht zu sichern und somit ihre Herrschaft zu festigen. Diese Strategien variieren je nach politischem System, historischem Kontext und den zur Verfügung stehenden Ressourcen. Die politische Elite Tunesiens, die sich derzeit um den Präsidenten Saied versammelt, nutzt in der derzeitig stattfindenden autoritären Phase drei wesentliche Strategien, die folgend erläutert werden.

5.2.1 Erosion der Gewaltenteilung

Im Juli 2021 setzte Kais Saied das Parlament außer Kraft und entzog damit der demokratisch gewählten Legislative ihre Macht. Seither hat er systematisch sämtliche staatlichen Einrichtungen untergraben und sich weitreichende Befugnisse angeeignet. Wie bereits unter 2.4 beleuchtet, hat Saied ebenfalls eine neue Verfassung erwirkt, die sich erheblich von dem ursprünglich von einer speziell eingesetzten Kommission vorgelegten Entwurf unterschied. Die Prinzipien der Gewaltenteilung sind effektiv außer Kraft gesetzt, und das Parlament wurde in seinen Funktionen stark eingeschränkt (vgl. Mersch 2022: o.S.) Außerdem initiierte Saied die Bildung eines neuen Richterrates, dessen Mitglieder direkt von ihm ernannt wurden, was deren Unabhängigkeit unterminiert, um zukünftigen juristischen Beschränkungen seiner Machtausübung vorzubeugen. Saied entband im Sommer 2022 unter vorgeschobenen Gründen

57 Richterinnen und Richter ihres Amtes. Diese Maßnahmen führten dazu, dass die Judikative vollständig der Kontrolle des Präsidenten unterworfen wurde, was einen gravierenden Eingriff in die Unabhängigkeit der Justiz darstellt. (Boukhayatia, 2023)

5.2.2 Kontrolle über Medien und öffentliche Meinungen

Durch die Beeinflussung oder direkte Kontrolle von Nachrichtenagenturen, Fernsehsendern, Radiostationen und neuerdings auch sozialen Medien können politische Eliten die Narrative steuern, die die Bevölkerung erreichen. Diese Medienmanipulation kann von subtiler Bias und selektiver Berichterstattung bis hin zur offenen Zensur und dem Verbot kritischer Stimmen reichen. Die Kontrolle über die Informationen, die die Öffentlichkeit erhält, ermöglicht es den Machthabern, ihre Legitimität aufrechtzuerhalten, indem sie Erfolge übertreiben und Misserfolge minimieren oder verschweigen (vgl. Serres 2023: o.S.). Ein Beispiel hierfür war die Einführung eines Gesetzes zu Cyberkriminalität im Jahr 2022 durch präsidiale Dekrete, welche die Bekämpfung sogenannter "Falschnachrichten" zum Ziel hatten. Die Formulierungen dieses Gesetzes wurden bewusst unscharf gehalten, was die rechtliche Verfolgung von Personen, die angeblich "Gerüchte" verbreiten oder Inhalte, die die "öffentliche Ordnung" oder "nationale Sicherheit" gefährden könnten, erleichtert. Das Dekret schafft die rechtliche Grundlage für eine umfassende Überwachung der Gesellschaft ohne spezifischen Anlass und sieht für Vergehen strenge Sanktionen vor, einschließlich hoher Geldbußen oder Freiheitsstrafen von bis zu fünf Jahren. (vgl. Amnesty 2022: o.S.)

5.2.3 Umgang mit Oppositionellen und zivilgesellschaftlichen Akteur*innen

In Tunesien hat sich die Repression gegen Oppositionelle und kritische Stimmen im Jahr 2023 erheblich verschärft. Seit diesem Jahr finden in Tunesien zunehmende Repressionen gegen die Zivilgesellschaft statt. So berichtet Amnesty International von Regierungskritiker*innen und Oppositionellen, die auf Grund ihrer Meinungsäußerungen festgenommen wurden (vgl. Amnesty International 2024: o.S.) Jedoch hat sich die Welle von Verhaftungen im Februar auch gegen Gegner verschiedener politischer Bereiche gerichtet: Aktivisten, Anwälte, Richter und der Direktor eines beliebten Radiosenders wurden inhaftiert, was die zunehmende politische Unterdrückung unterstreicht. Die meisten der Inhaftierten wurden der "Verschwörung gegen die Staatssicherheit" beschuldigt. Saied hat außerdem wiederholt seine Gegner der Verschwörung und der Anstiftung sozialer Spannungen inmitten steigender Lebensmittelpreise beschuldigt. Die Behörden haben zudem die größte Oppositionspartei des Landes, Ennahda, effektiv zerschlagen, ohne sie formell zu verbieten. So wurden mehrere Parteimitglieder willkürlich inhaftiert (vgl. Human Rights Watch Report 2024: 625ff.).

6. Fazit

In der vorliegenden Arbeit wurde die Transformation Tunesiens von einem autoritären Regime unter Präsident Zine El Abidine Ben Ali zu einem Staat mit demokratischen Institutionen, gefolgt von einer erneuten Verschiebung hin zu autoritären Strukturen, detailliert untersucht. Der Fokus lag dabei insbesondere auf der Rolle der politischen Eliten innerhalb dieses Transformationsprozesses und deren Einfluss auf die Gestaltung des politischen Systems. Die Analyse erstreckte sich von der Zeit vor 2011, über den Arabischen Frühling und die darauffolgenden demokratischen Jahre bis hin zur jüngsten Rückkehr zu autoritären Tendenzen unter Präsident Kais Saied.

Die politischen Eliten Tunesiens haben im Laufe dieser Entwicklungen eine zentrale Rolle gespielt. Vor dem Arabischen Frühling waren sie eng mit dem autoritären Regime Ben Alis verbunden, wobei die politische Landschaft durch eine starke Unterdrückung gekennzeichnet war. Mit dem Beginn des Arabischen Frühlings und dem Sturz Ben Alis kam es zu einer Diversifizierung der politischen Eliten, die nun auch Vertreter der Zivilgesellschaft und neu gegründete Bewegungen umfassten. Diese Phase war geprägt von demokratischen Hoffnungen und der Ausarbeitung einer neuen Verfassung, die die politische Teilhabe erweiterte und die Grundlage für politischen Pluralismus legte.

Jedoch zeigten sich auch in dieser demokratischen Phase Herausforderungen, indem interne Machtkämpfe, ideologische Konflikte und sozioökonomische Krisen den Demokratisierungsprozess belasteten. Die jüngste Rückkehr zu autoritären Tendenzen unter Saied verdeutlicht die Fragilität des demokratischen Systems. Die Zentralisierung der Macht, die Erosion der Gewaltenteilung und die Unterdrückung der politischen Opposition und zivilgesellschaftlicher Akteure markieren einen signifikanten Bruch mit den demokratischen Errungenschaften der vorangegangenen Jahre.

Die politischen Eliten spielten bei diesem internen Regimewechsel eine entscheidende Rolle: Während der demokratischen Phase trugen sie zur Gestaltung eines pluralistischen politischen Systems bei. Die Rückkehr zu autoritären Tendenzen hingegen wurde durch eine Konzentration der Macht bei einer neuen Elite um Präsident Saied gekennzeichnet, die demokratische Institutionen schwächte und oppositionelle Kräfte marginalisierte.

Diese Entwicklung in Tunesien zeigt, dass politische Eliten sowohl als Förderer als auch als Hindernisse demokratischer Prozesse wirken können. Ihre Rolle bei internen Regimewechseln ist von entscheidender Bedeutung, da sie die Richtung politischer Transformationen maßgeblich beeinflussen. Diese Erkenntnisse lassen sich verallgemeinern und unterstreichen die Notwendigkeit, die Dynamiken innerhalb politischer Eliten und deren Einfluss auf politische Systeme in Transformationsprozessen kritisch zu hinterfragen.

Literaturverzeichnis

Amnesty International (2022): Tunisia 2022. In: World Report 2022.

Amnesty International (2022): Tunisia: Cybercrime law investigations expose new threats to freedom of expression. In: https://www.amnesty.org/en/latest/news/2022/12/tunisia-cybercrime-law-investigations-expose-new-threats-to-freedom-of-expression/ (Zuletzt aufgerufen am 17.03.2024).

Amnesty International (2024): Oppositionspolitikerin zu Unrecht vor Gericht. In: https://www.amnesty.de/sites/default/files/2024-02/114-1_2023_DE_Tunesien.pdf (Zuletzt aufgerufen am 17.03.2024).

Boukhayatia, Rihab (2023): Judges Under Saied: The Reign Of Fear And Submission. In: https://nawaat.org/2023/06/07/judges-under-saied-the-reign-of-fear-and-submission/. (Zuletzt aufgerufen am 16.03.2024).

Braune, Elisabeth (2011): Des Volkes Stimme! Tunesien nach den Wahlen zur Verfassungsgebenden Versammlung. In: Friedrich-Ebert-Stiftung.

Claes, Thomas/ Probst, Richard (2014): Tunesien nach den Parlamentswahlen. Auf dem Weg zu einer neuen Republik? In: Friedrich Ebert Stiftung.

Claes, Thomas (2016): Demokratiedividende gesucht: Tunesiens Wirtschaftsrevolution lässt auf sich warten. In: Friedrich-Ebert-Stiftung.

Dix, Holger (2019): Parlaments- und Präsidentschaftswahlen in Tunesien. Ungewisse Mehrheiten und unbekannter Präsident. In: Konrad Adenauer Stiftung Länderbericht.

Frische, Johannes (2022): Urbane Ungleichheit, Informalität und Prekarität in Tunesien. Zwischen Teilhabe und Ausgrenzung. Berlin: Frank & Timme.

Gallien, Max/ Werenfels, Isabelle (2019): Tunesiens Demokratisierung: Erhebliche Gegenbewegungen. Große Fortschritte, alte Seilschaften, unklare Perspektiven. In: SWP-Aktuell Nr. 07/2019.

Haase, Imke (2016): Muhammad al-Bouazizi und der Beginn der tunesischen Revolution: eine Analyse der Berichterstattung in 'Asharq al-Awsat' unter besonderer Berücksichtigung von Gender-Aspekten. In: Filter, Dagmar/ Reich, Jana/ Fuchs, Eva (Hrsg.): Arabischer Frühling? Alte und neue Geschlechterpolitiken in einer Region im Umbruch. Berlin: Springer VS, 59-78.

Harter, Stefanie (2017): Unterstützung der Regionalentwicklung in Tunesien. Mit den Regionen, für die Regionen. In: Deutsche Gesellschaft für internationale Zusammenarbeit.

Hoffmann-Lange, Ursula (2004): Eliten. In: Helms, Ludge/ Jun, Uwe (Hrsg.): Politische Theorie und Regierungslehre. Frankfurt/Main: Campus, 239-266.

Human Rights Watch (2024): Wold Report 2024. Events of 2023.

Loimeier, Roman (2022): Tunesien. Die Entwicklung einer arabischen Zivilgesellschaft. Göttingen: Universitätsverlag Göttingen.

Mersch, Sarah (2022): Alles auf Null? Neustart des politischen Systems in Tunesien mit vielen offenen Fragen. In: Heinrich Böll Stiftung.

Mills, Charles Wright (2019): Die Machtelite. Frankfurt am Main: Westend Verlag.

Ratka, Edmund/ Roux, Marie-Christine (2016): Dschihad statt Demokratie? In: Konrad- Adenauer -Stiftung Auslandsinformationen Nr. 01/2016, 68-87.

Serres, Thomas (2023): Reporting from Tunis. In: Sallam, Hesham /Alemdaroğlu, Ayca/ Owen Jones, Marc/ Schwartz, Kevin (Hrsg.): Middle east report. Summer/Fall 2023, No. 307/308, Vol. 52 No. 2-3: https://merip.org/2023/09/reporting-from-tunis/ (Zuletzt aufgerufen am 16.03.2024).

Thyen, Kressen/ Josua, Maria (2023): Tunesiens Präsident Kais Saied: Vom Hoffnungsträger zum Autokraten. GIGA Focus Nahost 4. Hamburg: German Institute for Global and Area Studies.

Weissenbach, Kristina (2011): Wenn nicht jetzt, wann dann? Systemwandel in Tunesien und Ägypten – ein Zeitfenster für die Regierungsberatung der deutschen Stiftungen. In: Univ.-Prof Dr. Karl-Rudolf Korte (Hrsg.): Regierungsforschung.de. Universität Duisburg-Essen, 1-8.

Werenfels, Isabelle (2022): Die Zeit drängt: Der tunesische Präsident konosolidiert seine autoritäre Herrschaft; Europa wartet ab und verpasst Chancen der Einflussnahme. In: SWP-Aktuell Nr. 35/2022.

BEI GRIN MACHT SICH IHR WISSEN BEZAHLT

- Wir veröffentlichen Ihre Hausarbeit, Bachelor- und Masterarbeit

- Ihr eigenes eBook und Buch - weltweit in allen wichtigen Shops

- Verdienen Sie an jedem Verkauf

Jetzt bei www.GRIN.com hochladen und kostenlos publizieren